Christina Conradi
Morianas Hexenkessel-Zeichenspaß

Christina Conradi

Morianas Hexenkessel-Zeichenspaß

Rediroma-Verlag

Bibliografische Information der Deutschen Nationalbibliothek:
Die Deutsche Nationalbibliothek verzeichnet diese Publikation in der Deutschen Nationalbibliografie; detaillierte bibliografische Daten sind im Internet über http://portal.dnb.de abrufbar.

ISBN 978-3-98885-052-2

www.rediroma-verlag.de
9,95 Euro (D)

Morianas Hexenkessel-Zeichenspaß

Für kleine und große

Zeichen-Zauberkünstler

Eins, zwei, drei Kopiervorlagen und Schritt für Schritt-Anleitungen sind mit dabei!

Geschrieben und illustriert von

Christina Conradi

Inspirationen und Wünsche für meine geplante Hexalogie „Morianas ManiFest" an

chrissys-home@web.de

Kontakt: Bücherlager Remscheid

Festnetz-Telefon: 02191/ 6922945

Handynummer: 0160 1000757

Inhaltsverzeichnis:

RÖMISCHE ZAHLEN

I	= 1	XVI	= 16
II	= 2	XVII	= 17
III	= 3	XVIII	= 18
IV	= 4	XIX	= 19
V	= 5	XX	= 20
VI	= 6	XXI	= 21
VII	= 7	XXII	= 22
VIII	= 8	XXIII	= 23
IX	= 9	XXIV	= 24
X	= 10	XXV	= 25
XI	= 11	XXVI	= 26
XII	= 12	XXVII	= 27
XIII	= 13	XXVIII	= 28
XIV	= 14	XXIX	= 29
XV	= 15	XXX	= 30
		XL	= 40
		L	= 50

Einführung in die Zeichenkunst

<u>Was du brauchst:</u>

Eine feste Malunterlage/Klemmbrett, einen weichen Bleistift , einen Radierer, gute Bunt-/Aquarellstifte in deinen Lieblingsfarben und einen Anspitzer

<u>Die Magie beginnt mit dir</u>

„Hier und jetzt präsentiere ich euch das fabelhafteste grandioseste und fantastischste was die Welt je gesehen hat…

Ihr dürft jetzt aufstehen, ins Badezimmer gehen und am Waschbecken in den Spiegel blicken.

Nehmt die folgende leere Seite mit den Grundrissen der Gesichtsproportionen und zeichnet den Meister eures Lebens mit einem weichen Bleistift sacht und mit Bedacht.

Schau dir in die Augen. Sie blicken in dich hinein wie die Tore zu deiner Seele.

Übermale die Hilfslinien, deine Nase, welche dich riechen lässt, deinen Mund, welcher dich schmecken lässt, die Konturen deines Gesichts mit deiner Haut, welche dich fühlen lässt. Führe deinen Stift mutig und gekonnt. Immer sicherer fahren die Striche über das Papier, formen Höhen und Tiefen. Wische mit dem Finger über die inneren Linien der Gesichtsumrisse und gestalte Schatten und Licht.

Nun verwende weiche Buntstifte und füge die Magie hinzu, welche das menschliche Auge für gewöhnlich nicht zu sehen vermag. Spüre die Aura welche dich umgibt. Die Farben ihrer Strahlkraft. Die funkelnden Energien welche dich tagtäglich umhüllen, behüten und von dir gelenkt werden wollen. Deine Hände sind die Werkzeuge deiner Taten und

in diesem Augenblick

dein Stift der Zauberstab deines Kunstwerks."

Ich ______________________________ bin
Hexenmeister/-in meines Lebens*

Hühnersuppen- Zauberei

Ist das Haustier mal zu stumm
ist das wirklich viel zu dumm
Nehme seine Lieblingssupp
und dann geht es rucki zuck

Immer schnell im Sauseschritt
Ofen an, komm mach schnell mit
Schnippeln, kochen es dampft im Topf
Um so was Feines gibt´s oft Zoff

Und jetzt kommt Magie dazu
mit der alten Eich, juhu
Rauch steigt auf du rührst im Takt
sagst dies Verslein und streust Gewürze mit Bedacht

Lingua Fa Sa Fila Shira Ma Fa Vishuddha
so was klingt vorzüglich, ja!
Hexenwerk ist bald vollbracht
mit dem 36. Male der Zauber lacht

CH.C.
2023

Schritt für Schritt zeichne ich eine Teekanne

V.

IV.

III.

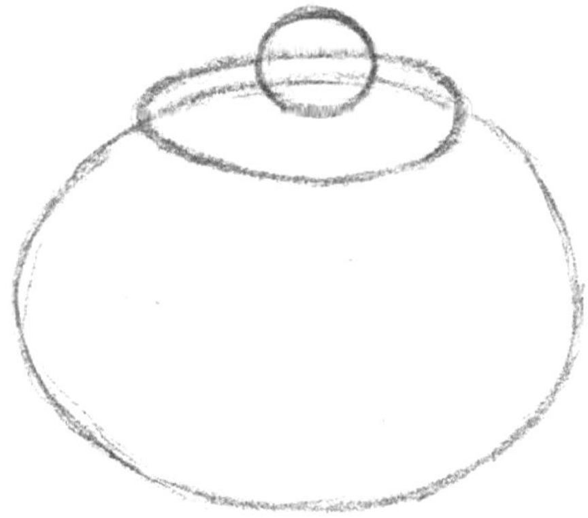

II.

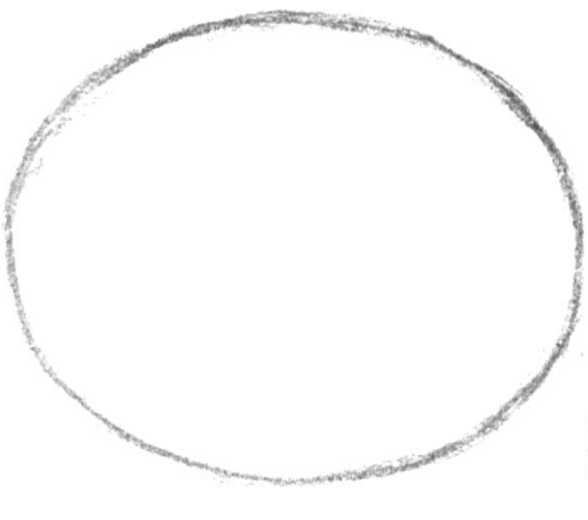

I.

Maus- Gewusel

Waldmaus Milo

Schritt für Schritt

zeichne ich eine Maus

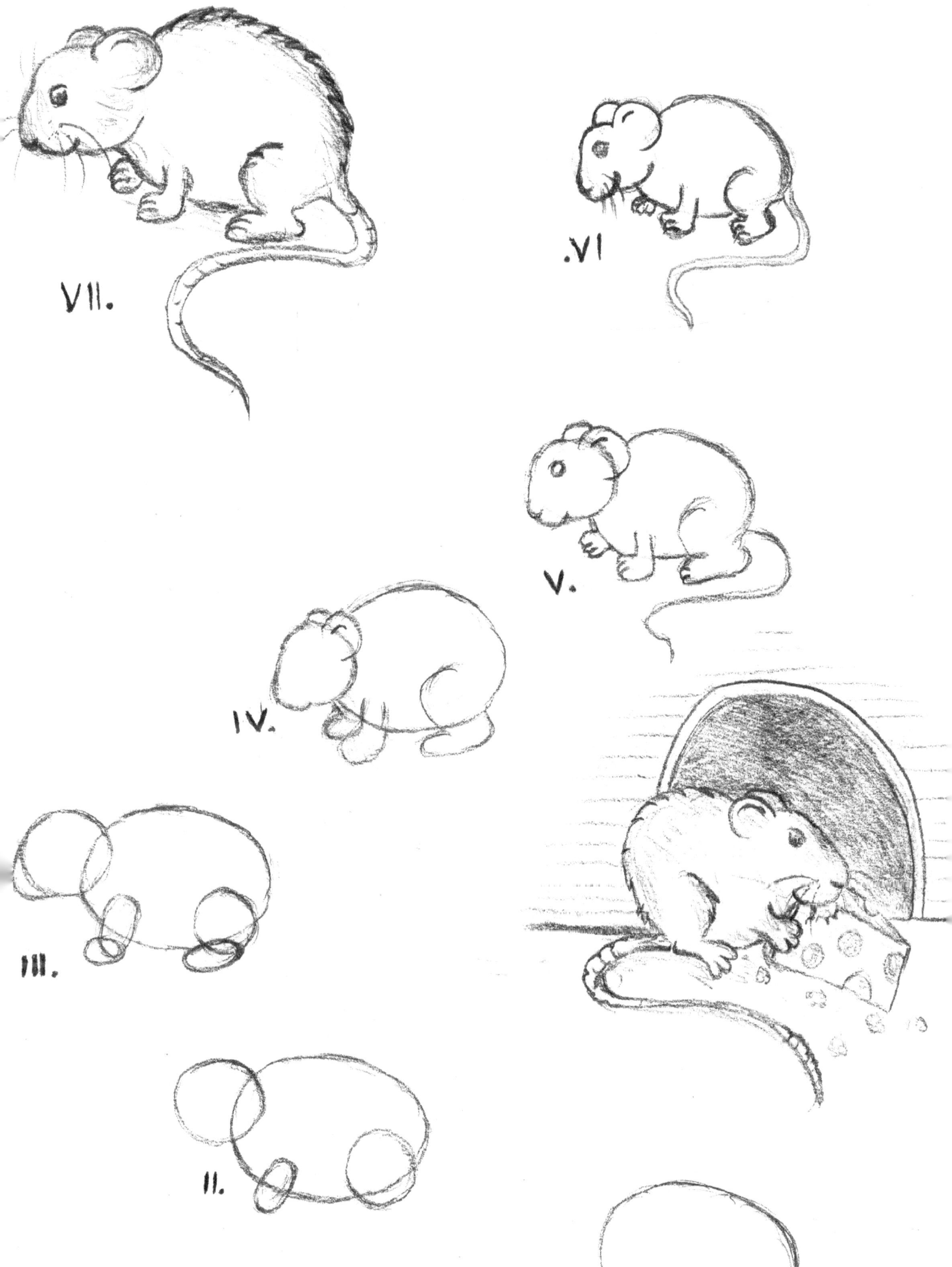

VII.
.VI
V.
IV.
III.
II.
I.

In meinem kleinen Knusperhaus

In meinem kleinen Knusperhaus sieht es sehr gemütlich aus!

Morgens auf dem Fensterbrett
hüpfen Spatzen ein Ballett

Blumen, Kräuter, Apfelbaum
findet man vorm Gartenzaun

Entengrütz und Hirsebrei
heute gibt's hier Allerlei!

Flederwisch und Besenstiel
Arbeit stört hier nicht sehr viel

Abends vor dem Zaubertrunk
ist es warm und auch gesund

Fledermaus und Spinnennetz
sind von Mücken nicht geschätzt

Ja, so geht es tagein tagaus in meinem kleinen Knusperhaus.

CM.C.
2023

Schritt für Schritt

zeichne ich ein Haus

VI.
V.
IV.
III.
II.
I.

Kreuzspinne Hexenbein

Ich hänge hier an meinem Faden
und schau mir gern die Gegend an

Bei Wind und Wetter
so muss es sein
Mich stört es nicht
ich bin gern allein

Warte bis etwas zappelt
in meinem Netz so fein
Denn ich bin
die Kreuzspinne
Hexenbein!

Schritt für Schritt

zeichne ich eine Spinne

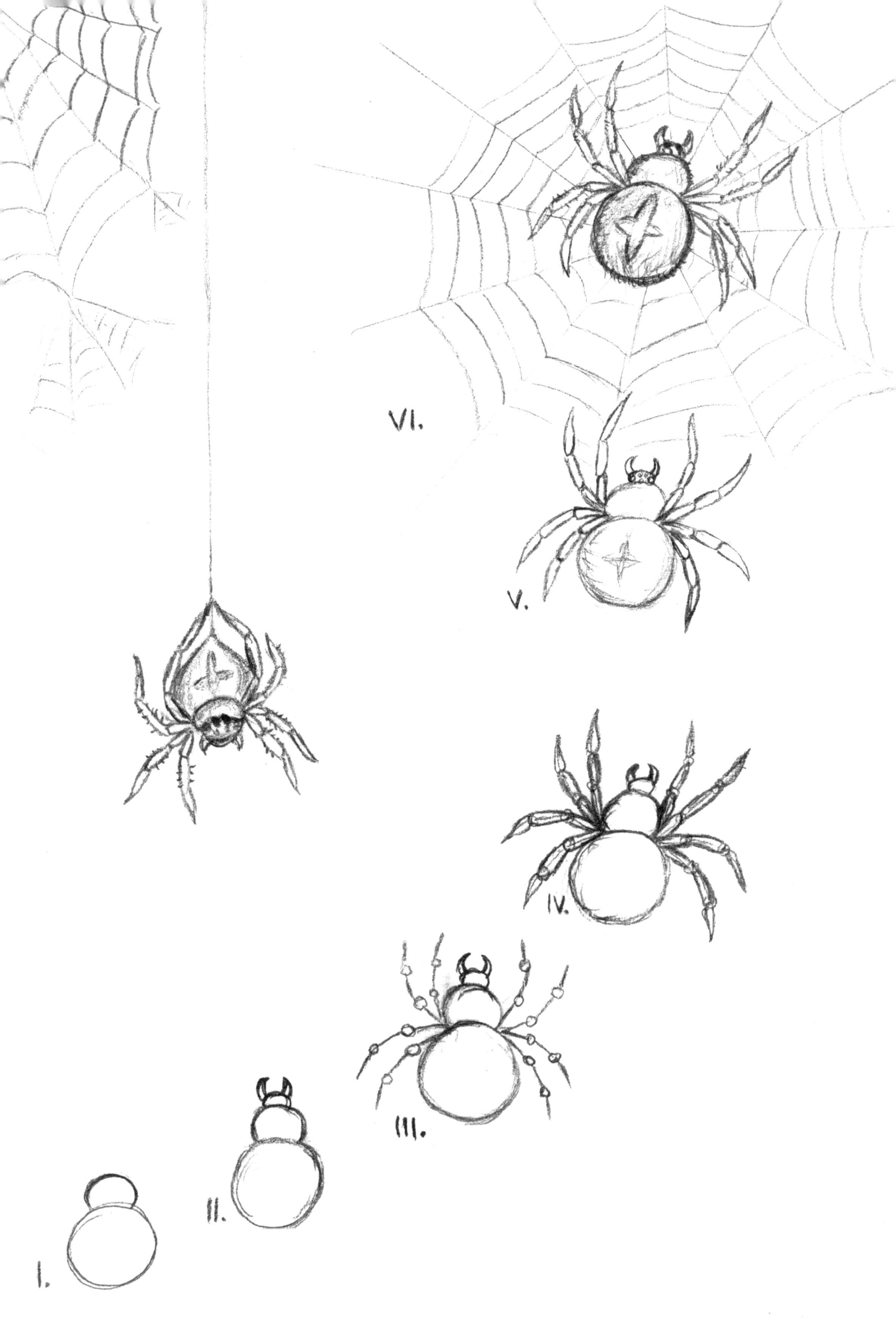
VI.
V.
IV.
III.
II.
I.

Zwergen- Höhle

Schritt für Schritt

zeichne ich einen Zwerg

VI.
V.
IV.
III.
II.
I.

Leise fliegt die Fledermaus

Husch ein Hauch
ein Schatten nur
Hast du schon von Angst eine Spur?

Bedächtig lautlos gleitet sie durch die Nacht
noch ehe am Morgen die Sonne erwacht

Der Mond ist ihr Freund bei silbrigem Schein
umspielt er sanft die Silhouetten im Hain

So gleitet sie lautlos und fliegt grandios
Sie ist zwar sehr klein
und doch ist sie groß

Schritt für Schritt

zeichne ich eine Fledermaus

V.
IV.
III.
II.
I.

Die Macht in dir

In der Dunkelheit glimmt ein Funken
nicht mehr als ein Gedanke
Noch winzig klein
kaum größer als ein Mondstaubkorn nur

Das glühende Körnchen
liegt geschützt in deinen Händen
Schwerelos vibriert es energetisch,
faszinierend, geheimnisvoll und sanft

Verbinde dich voller Zuversicht
mit jeder Faser deiner unendlichen Kraft

Spüre, forme, lenke
in weiser Achtsamkeit und Liebe
der Mächte des Guten bewusst

Hexe
Moriana

Schritt für Schritt

zeichne ich eine Hexe

V.
IV.
III.
II.
I.

Fremder Besuch

Katze
Kira

Schritt für Schritt

zeichne ich eine Katze

I.
II.
III.
IV.
V.
VI.
VII.
VIII.

Chaos im Labor

Schritt für Schritt
zeichne ich einen Zauberer

IV.
III.
II.
I.

Momente der Stille

Flüsternd senkt der Wind sich nieder
streichelt sanft im Abendrot

Durch die Bäume, Büsche, Sträucher
horch was surrt dort im Geäst?
Ist es eine Maus, ein Käfer oder eine Fee sogar?

Und dann ist es stille wieder
im süßen Duft des
Blumenmeers

Schritt für Schritt

zeichne ich eine Fee

VII.
VI.
V.
IV.
III.
II.
I.

Magische Pferde

Über ´m Horizont leuchtet es hell
elegant galoppiert es rauschend so schnell

Über die Gräser, hinweg über Felder
über Wege und Sträucher
so leicht wie ´ne Feder

Kannst du es sehen
oder ist es ein Traum?
Die Antwort verneigt sich
majestätisch im Raum

Pegasus
Laluma

Schritt für Schritt

zeichne ich ein Einhorn

V.
VI.
IV.
III.
II.
I.

Drache Feuerherz

Tief unten im Berg
liegt ein Schatz verborgen
wartet geduldig
auf einen
glühenden Morgen
Wenn die Sonne erwacht
und die Seelen entfacht
Schaut aus den Tiefen der Höhlen
ein Ungeheuer?
Nein es ist Rufus speiend
mit Feuer!

Zauneidechse
Jugo

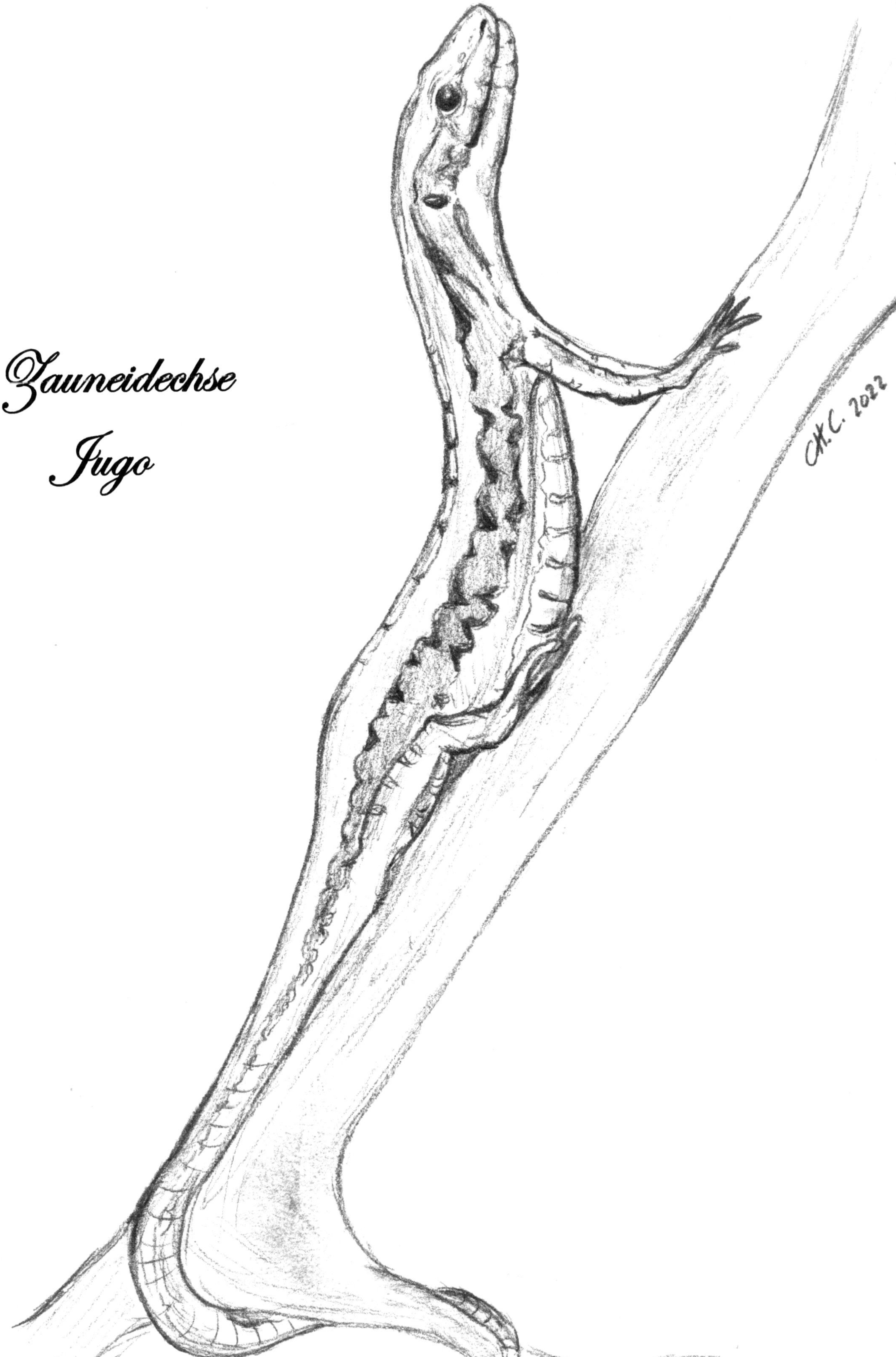

Schritt für Schritt

zeichne ich einen Drachen

VIII.
VII.
VI.
IV.
V.
III.
II.
I.

Buchvorstellung
Morianas ManiFest der Träume

Wenn dir „Morianas Hexenkessel-Zeichenspaß" gefallen hat und du mehr über die Geschichten hinter den Bildern erfahren möchtest, darfst du auf die entstehende Hexalogie

„Morianas ManiFest"

gespannt sein.

Hexe Moriana wurde vom mächtigen Hexenrat auf eine magische Insel verbannt, weil sie das Labor der Oberhexe einmal zu oft, mit ihren Zaubertrank-Experimenten, in die Luft gejagt hat. Pünktlich zu ihrem 136. Geburtstag bekommt sie deshalb nicht nur das Zaubertrankbuch ihrer verstorbenen Tante Dorothea, sondern auch einen „Urlaub" ohne Rückfahrschein ins Nirgendwo geschenkt. Zum Glück zusammen mit ihrer Katze Kira und ihrem Haus mitsamt Garten. Doch ansonsten ist sie auf sich allein gestellt oder etwa doch nicht?

Nur zusammen mit ihren neuen Freunden wird sie die Kunst der Zaubertränke erlernen und herausfinden was es heißt wahrhaft magisch zu sein.

Morianas ManiFest der Träume

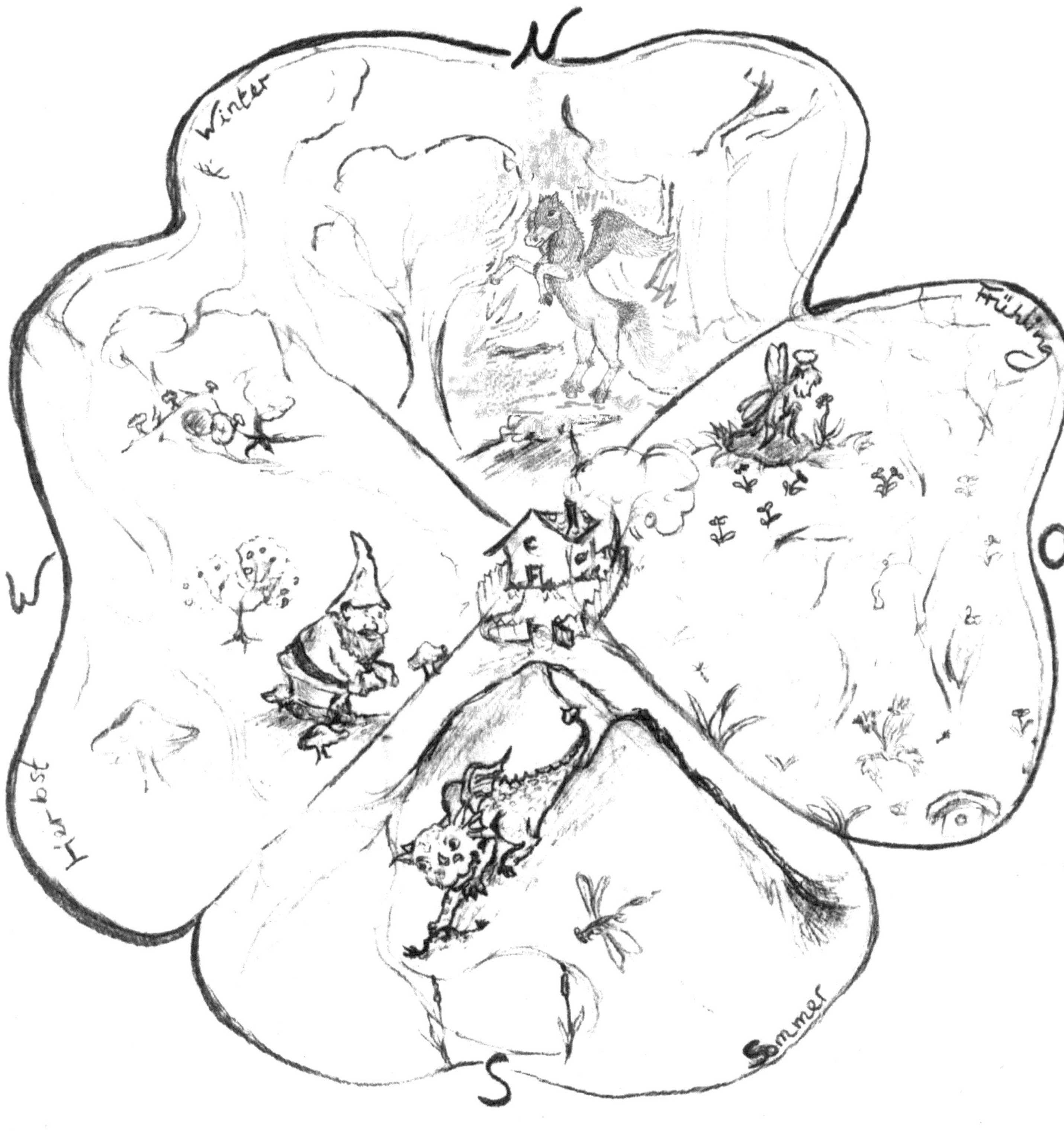

Dieses Werk wurde erschaffen von der Kriegerin des Lichts

Christina Conradi

„Es gäbe viel
zu erzählen und
doch ist es nichts
im Vergleich zu dem
was im Schein liegt des Lichts...
Wo du mich findest?
Im Hier und Jetzt, so soll es sein!
Du bist willkommen, ich lade dich ein.“